Photoshop für Einsteiger

Wie Sie das Programm leicht verstehen und die Grundlagen der Bildbearbeitung schnell erlernen

Clemens Scheebaum

Alle Ratschläge in diesem Buch wurden sorgfältig erwogen und geprüft. Eine Garantie kann dennoch nicht übernommen werden. Eine Haftung des Autors beziehungsweise des Verlags für jegliche Personen-, Sach- und Vermögensschäden ist daher ausgeschlossen.

INHALT

Das erwartet Sie in diesem Buch

Kommt das Ihnen bekannt vor? Sie sehen sich die Urlaubsfotos an und irgendwie wirken diese zu Hause betrachtet viel matter und auch ganz anders als auf dem Kameradisplay. Möchten Sie aus verschiedenen fotografischen Erinnerungen ein Wandbild oder eine Collage erstellen? Kribbelt es Ihnen schon immer in den Fingern, wenn Sie spannende Composings und kreative Montagen zu Gesicht bekommen? Oder benötigen Sie ganz simpel nur ein wenig Fachkompetenz für Bild-optimierende Aufgaben im Büro oder Ihrer eigenen Firma? Tatsächlich stecken hinter so manch magischem Ergebnis einfache Handgriffe! Für diese Aufgaben und viele weitere Anwendungen bietet sich das Bildbearbeitungsprogramm Photoshop nicht nur für Fotografen und Grafiker an.

Für den gelungenen Start in die kreative Bildgestaltung bedarf es einer kleinen Orientierung in Bezug auf die grundlegenden Features von Photoshop. Erklärungen zu einzelnen Werkzeugen und ihre Anwendung werden Ihnen neben praktischen Methoden zur Optimierung Ihrer Fotos an die Seite gestellt. Vielmehr offenbaren sich Ihnen aber intensive Praxistipps und einsteigerfreundliche Projekte, damit gerade Sie als Einsteiger in Photoshop nicht von der grauen Theorie dieser komplexen Software erschlagen werden. Man lernt bekanntlich aus praktischer Erfahrung, weshalb Sie bereits ab den ersten Seiten zum Mitmachen und Erlernen des Photoshop-Know-hows animiert werden.

Immer tiefer in die Materie eindringend, eröffnen sich Ihnen Schritt für Schritt mit jedem neuen Abschnitt die Tricks der professionellen Bildbearbeiter – förmlich ganz nebenbei im Umgang mit den separaten Herausforderungen. Und am Ende warten zusätzlich ein paar kreative Hinweise für die Realisierung manch persönlichen, zukünftigen Projekts. Sie werden sehen, dass dieses Buch über Photoshop für Einsteiger kein Buch mit sieben Siegeln werden wird.

CLEMENS SCHEEBAUM

Der Einstieg in Photoshop

Mit Photoshop wird Ihnen ein komplexes Bildbearbeitungs-Tool zur Seite gestellt, welches immer noch als Marktführer gilt. Hiermit lassen sich beispielsweise Urlaubsbilder optimieren oder ganz neue Motivkompositionen erschaffen. Um das gesamte Potenzial mit der Zeit auszuschöpfen, bedarf es nun eines kleinen Blickes in die graue Theorie – bevor der Spaß am Bildschirm in Form von zahlreichen Bildprojekten beginnen kann.

DER ARBEITSBEREICH – BÜHNE ZAHLREICHER ZUKÜNFTIGER PROJEKTE

Photoshop bietet Ihnen eine enorme Freiheit für die Optimierung Ihrer Urlaubsmotive, die Gestaltung von persönlichen Plakaten oder auch so manch eindrucksvollem Composing. Als Einsteigerhandbuch sollen hier zwar vorwiegend allgemeine Kenntnisse vermittelt werden, aber selbst diesbezüglich hat das Programm durchaus komplexe Inhalte und Optionen zu bieten. Damit die künstlerischen Ergüsse reibungslos und ohne langes Suchen realisiert werden können, bedarf es daher einer kleinen Orientierung. Und diese beginnt mit dem allgemeinen Arbeitsbereich.

Öffnen Sie die Software, erscheint eine graue Arbeitsfläche – hier wird später Ihr Dokument veranschlagt werden. Zusätzlich erkennen Sie am oberen Rand gewöhnliche Menüpunkte, welche unter anderem besondere Reiter und später noch angesprochene Reiter enthalten. Den Fokus richten Sie folglich am besten auf den Punkt Fenster: Hier legen Sie nicht nur Einstellungen hinsichtlich des Arbeitsbereiches fest, sondern auch bezüglich der eingeblendeten Paletten. Von denen möchte ich Ihnen einige Wichtige näherbringen.

Jetzt wäre der ideale Zeitpunkt, um ein neues Dokument zu eröffnen – ein standardisiertes DIN-A4-Format reicht für den ersten Einblick vollkommen aus. Es darf auch gern das erste Ihrer vielen hier geöffneten Fotos sein.

DIE PALETTEN – PFORTEN ZUM EIGENTLICHEN PHOTOSHOP-POTENZIAL

Wie schon erwähnt verbirgt sich hinter dem Menüpunkt Fenster eine schier bunte Auswahl an Paletten. Diese erweisen sich als besonders hilfreich bei späteren Aufgaben. Elementar für die baldig passionierte Arbeit mit der Software zeichnet sich hierbei die Werkzeug-Palette aus. In ihr lassen sich Auswahlen realisieren, mit Stiften und Pinseln Formen zeichnen beziehungsweise malen und auch der eine oder andere Text unterbringen. Zudem offenbaren sie ebenfalls Optionen zu Verläufen, Abwedler und Nachbelichtern – die einfachsten, aber effektivsten Mittel zur Bildoptimierung.

Mit einem Haken am entsprechenden Wort sind diese dauerhaft eingeblendet.

Doch da gibt es noch sehr viel mehr nützliche Fenster im Umgang mit Bilddaten, Ablaufroutinen und weiteren Features. Werden die einzelnen Fenster angeklickt, erscheinen sie folgend auf dem Bildschirm. Ein wenig Ordnung würde dem folgenden Arbeitsprozess doch guttun. Wenn Sie diese einzelnen Reiter nebeneinander befördern, wird schnell klar: Sie lassen sich anordnen. Sehr vorteilhaft offenbaren sich im späteren Verlauf, die Elemente Ebenen, Kanäle und Pfade sowie Farbe, Farbfelder und Stile zu verbinden. Mithilfe des Navigators und der wirklich wichtigen Info-Palette (warum diese relevant ist, wird in den nächsten Kapiteln erwähnt) on top lassen sich drei wichtige Blöcke wunderbar vertikal anheften.

Des Weiteren bedarf es bei einigen Projekten aufgrund einer textlichen Implementierung des Fensters für den Absatz sowie des Protokolls für mögliche Wiederherstellungen aus vorangegangenen Schritten – ja, das Programm merkt sich Ihre einzelnen Schritte, sodass ein mögliches Malheur ohne Folgen schnell vergessen sein kann. Vielleicht noch die Aktionen an das Protokoll anheften, manchmal muss der ganze Datensatz Urlaubsfotos im gleichen Stil bearbeitet werden. Und schon wieder etwas gelernt: In Aktionen lassen sich gleiche Arbeitsschritte auf verschiedene Dokumente anwenden. Im Prinzip lernen Sie die Relevanz einzelner Paletten mit den Erfahrungen kennen.

DIE EBENEN – KONTROLLIERTE BEARBEITUNG DER FOTOS

Ein ganz besonderes Fenster sollte Ihre größte Aufmerksamkeit erhalten – klar, die Überschrift verweist schon darauf: die Ebenenpalette. Mit ihr erfüllt sich Ihre Vorstellung vom perfekten Bild, ohne das Original jemals verändern zu müssen. Und da liegt schon ein praktischer Hinweis direkt vor Ihren Füßen! Verändern Sie Bilddaten niemals direkt. Dies würde mitunter zu einem unwiederbringlichen Verlust wertvoller Bildinformationen führen – insbesondere, wenn zwischendurch mehrfach gespeichert wird. Lieber nutzen Sie Kopien und Auswahlen aus dem Hintergrundbild. Diese non-destruktive Methode sichert Ihre

Bildrohlinge, verfälscht keine Daten und lässt jederzeit die Option auf einfach umzusetzende, individuelle Änderungen.

Wenn das Bild geladen wird, erscheint es in der Ebenenpalette in der Regel als Hintergrund. Normalerweise sollten externe Bilder auch mit einem Schloss-Icon versehen sein. Dies dient dem Schutz der Bilddatei vor ungewollten Schnellaktionen. Nun klicken Sie das Motiv in dieser Palette einfach an und ziehen es auf das Bild mit der umgeknickten Seite – es müsste das zweite Icon von rechts sein. Siehe da: Nun existiert das ausgewählte Bild gleich zweimal, und mit dem Duplikat lässt sich folglich jede Menge bewerkstelligen.

Ihr geschulter Blick erkannte natürlich gleich die Regler ganz oben in diesem speziellen Fenster. Probieren Sie diese aus, Sie werden die Transparenz der Ebene bald lieben lernen. Gleich darunter befinden sich die Ebenenmodi. Unter verschiedenen Tonwertberechnungen lassen sich hierdurch eindrucksvolle Effekte und Bearbeitungen erzielen. Dies allein verlangt förmlich nach einem extra Buch. Weiterhin befinden sich noch Auswahlpunkte zu Masken und Ebenenstilen. Diese

werden weiter unten bei der Korrektur behandelt
– es wird spannend!

Die Ausgangsbasis Bilddaten

Alle Fotos bestehen aus Pixeln. Mit dem Wissen über diese kleinen Einheiten lassen sich spätere Umsetzungen gezielt für ein spezielles Ausgabemedium verwenden, daher sollte die letztendliche Intention am besten bereits vor der Bearbeitung bekannt sein. Da unterschiedliche Distributionswege verschiedene Eigenschaften von den Ergebnissen verlangen, folgt hier ein Blick über wesentliche Einstellungsoptionen. Der Menüpunkt Bild spielt hierbei eine entscheidende Rolle.

CLEMENS SCHEEBAUM

DIE BILDGRÖSSE –
SUCHE NACH DEM
PASSENDEN FORMAT

Mit dieser Charakteristik werden im Allgemeinen die Abmessungen des Fotos beziehungsweise der angelegten Datei bezeichnet. Sofern Sie ein neues Dokument erschaffen, lassen sich ganz einfach Vorgaben oder Wünsche hinsichtlich dieses Formats einstellen. So finden Sie problemlos diverse DIN-A-Formate, amerikanische Briefstandards oder legen Sie selbst benutzerdefinierte Maße an. Diese lassen sich für die Zukunft auch aussagekräftig speichern – dies bietet sich bei geplanten Serien an.

Widmen Sie sich hingegen einem bereits existierenden Foto – beispielsweise vom Chip der eigenen Kamera – lässt sich die Bildgröße ganz einfach einsehen. Dazu einfach den Reiter Bildgröße im Menüpunkt Bild auswählen und mögliche Informationen sammeln. Zu besseren Orientierung werden die Maße oben in Pixeln, unten in Zentimetern angezeigt. Die Einheiten lassen sich nach eigenem Gusto ändern. Dabei gilt es zu beachten, dass die Kette – in Photoshop das Symbol für miteinander verknüpfte Elemente – aktiviert ist. Dann passt sich der zweite Wert dem veränderten ersten Maß automatisch an. Dies verhindert störende Verzerrungen aufgrund möglicher Rechenfehler. Rein theoretisch lassen sich Bildmaße so auch einzeln an die Vorgaben anpassen. Bei kleinen Abweichungen fällt dies nicht auf. Ansonsten werden gleich noch lohnende Alternativen für diesen Fall der Formatanpassung aufgezeigt.

Dies wäre zum einen das Auswahlwerkzeug. Ein Blick in die Werkzeug-Palette schenkt Ihnen das gestrichelte Viereck als universelles Auswahl-Feature. Hiermit lassen sich spezielle Teile von Bildern schnell auswählen. So werden mitunter störende Ränder von Fotos mit zu viel Nichts spielend einfach entfernt. Ein weiterer Pluspunkt daraus ergibt sich in der bereits angesprochenen unkomplizierten Formatanpassung. Natürlich ist das noch nicht der Weisheit letzter Schluss: Vorgaben nach Seitenverhältnis oder speziellen Werten können hierbei clever genutzt werden. Dann platziert sich eine gestrichelte Form in der gewünschten Einstellung – einfacher kann diese Formatbestimmung nicht sein! Dafür richtet sich der Blick auf die Werkzeugoptionen unter der Option Art. Die zweite Variante wäre das Freistellungswerkzeug. Es befindet sich im selben Werkzeug-Block und sieht ein wenig wie ein DNA-Symbol aus. Auch hier nutzen Sie am besten feste Werte oder entscheiden selbst. Sehr vorteilhaft offenbaren diese Möglichkeiten die Erschaffung eines goldenen Schnitts im Bild, welcher beim Fotografieren aus unterschiedlichen Gründen nicht perfekt umgesetzt worden ist.

DIE AUFLÖSUNG – GRUNDLAGE SPÄTERER AUSGABEOPTIONEN

Richtet sich der Blick auf das Thema Auflösung, lässt sich schnell die Abhängigkeit des Bildes von seiner Qualität erkennen. Die Gesamtanzahl der Pixel in einem Dokument pro Inch verspricht hierbei ein breites Spektrum. Dabei entspricht ein Inch 2,54 Zentimetern. Auf dieser Länge wird entsprechend der Vorgabe die gewünschte Pixelanzahl von der Kamera beim Fotografieren oder beim Anlegen der Photoshop-Datei gesetzt. Wenn mehr Pixel auf einem Inch vorhanden sind, stehen natürlich deutlich mehr Informationen zur

Verfügung. Unter anderem dienen Pixel der Farbkodierung – ein absoluter Farbwert für ein Pixel – und damit auch ein wenig der Darstellung von Schärfe und Kantenglätte. So lässt sich sehr simpel feststellen, dass deutlich buntere und detailreiche Fotos automatisch von einer größeren Auflösung profitieren.

Die Auswahl der Bildquelle für die spätere Verwendung ist daher durchaus entscheidend. Aus der eigenen Kamera entnommen, werden die Pixelmaße allein aufgrund der einstellbaren Qualitätsoption im Kameramenü generell ausreichen. Mitunter kann man die Basisdaten aber auch ein wenig optimieren. Und dies funktioniert mit der Neuberechnung von Bildgröße sowie auch der Auflösung recht gut. Dafür sollten Sie im Regelfall die Methode ‚Bikubisch' verwenden. Bei einer Verkleinerung treten hierbei sehr viel weniger Problemfelder auf als bei der Vergrößerung. Im letzteren Fall werden Pixel benötigt, welche nicht da sind. Woher sollen die nun kommen? Ganz einfach, das Bild wird interpoliert. Aus benachbarten Pixeln wird infolgedessen ein Zwischenwert gebildet. Daher kann es geschehen, dass nebeneinander liegende, aber nicht miteinander inhaltlich verbundene Farbdefinitionen einen Mittelwert dazwischen verschoben bekommen – und dies erzeugt Artefakte. Wiederum trägt die Interpolation zu einer Unschärfe bei. In notwendigen Fällen eignen sich eine übertriebene Vergrößerung sowie mehrere anschließende Verkleinerungen bis zu dem gewünschten Wert. Zum Glück gibt es die Protokoll-Palette. Dann gehen Sie auf eine Stufe davor zurück und variieren die Einstellungen.

Pixel spielen aber auch bei der Endverwendung eine entscheidende Rolle. Speziell in den Bereichen Online-/Displaydistribution beziehungsweise Printbereich liegen förmlich Welten zwischen den benötigten Pixelmaßen. Dies liegt mit den vollkommen unterschiedlichen Farbmodi in deren Produktion zusammen. So werden für einen Internetauftritt, eine Onlineschaltung oder für die anstehende Handy-App lediglich Bilder mit 72 ppi (pixel per inch) benötigt. Hingegen bedarf es für einen ordentlichen Ausdruck generell 300 ppi. Hierbei variieren die Vorgaben gemäß Druckmaschine sowie Qualitätswunsch. Für Zeitungspapier reichen beispielsweise 180 ppi, während ein Fine-Art-Druck als späteres Wand- oder Ausstellungsplakat erst zwischen 350 und 400 ppi brilliert. Fällt die Pixelanzahl zu klein aus, entstehen wiederum Artefakte. Die Wahl der richtigen Auflösung sollte dabei auch nicht größer als benötigt ausfallen. Mehr Pixel, die Dokumentgröße und sämtliche anstehende Arbeitsschritte bei der Bearbeitung sorgen schnell für einen sehr hohen Speicherbedarf.

DIE BILDMODI – BASIS FÜR EIN OPTIMIERTES DATENHANDLING

Bilder können in verschiedenen Farbmodi vorliegen. Am besten ist dies gleich nach dem Laden der Bildquelle zu überprüfen. Die zwei häufigsten und tatsächlich auch relevantesten Varianten stellen das RGB und das CMYK dar. Aber es gibt auch noch andere Farbräume. Generell ist es wichtig zu wissen, dass nicht alle Farbräume deckend mit den Alternativen existieren. So lassen sich auch nicht alle Farbauswahlen 1-zu-1 umsetzen. Neben den bereits genannten fasziniert zusätzlich der Lab-Modus. Hierbei stehen alle Farbkodierungen in den Kanälen a und b zur Verfügung. Die Helligkeit des Farbtons an sich wird aber im Lumineszenz-

Kanal (L) hinterlegt. Für verschiedene Bearbeitungsschritte im farblichen Sujet hilft dies ungemein. Beispielsweise beim Aufhellen oder einer Auswahl speziell heller beziehungsweise dunkler Pixel werden somit die Farben an sich nicht verfälscht – ein großer Vorteil! Dafür findet eine schnelle und kurzfristige Umstellung im Reiter-Modus statt. Ansonsten werden die Bildbearbeitungsprozesse im Allgemeinen im RGB-Modus vorgenommen.

Da sind wir schon beim additiven Farbmodus angelangt. RGB steht für Rot, Grün und Blau und bezieht sich automatisch auf die Farbzapfen im menschlichen Auge. Ähnlich wie unser Sehen beruht das Farbsystem ebenso auf einer selbst leuchtenden Basis. Zum einen sehen wir daher im Dunklen sprichwörtlich alle Katzen grau, zum anderen findet der Farbmodus deshalb besonders effektive Anwendung an allen möglichen Displays für Handys und Rechner sowie im Prinzip für jedwede Onlineanwendung seinen mehr als berechtigten Einsatz. Am Monitor bei der Photoshopbearbeitung genießt er daher eine so enorm große Relevanz. In den einzelnen Kanälen sind die separaten Anteile der Kanalfarben enthalten – in der später noch ausführlicher angesprochenen Kanal-palette lassen sich die Anteile in einem Graustu-fenbild sehr gut erkennen. In der Mischung ergibt es so viele der farbintensiven Bildwirkungen und das Potenzial der gezielten Adaption der Farb-werte.

Alternativ dazu steht der CMYK-Modus bei jeglichen Printprodukten im Fokus. Dabei steht die Bezeichnung für die Farben Cyan, Magenta, Yellow und Black (oder Key). Er enthält die Kanäle der Grundlagenfarben für den global standardi-sierten Vierfarbendruck, mit dessen Hilfe sämtli-che Ausdrucke, Flyer, Kataloge oder auch Wand-plakate und Bildpanoramen realisiert werden. Auch, wenn die Brillanz im Vergleich zum RGB-Modus etwas geringer ausfällt, schenkt dieser Bildmodus jedoch ein deutlich umfangreicheres Spektrum der Darstellung möglicher Farben. Dem subtraktiven Farbsystem fehlt hierbei die selbst leuchtende Komponente von LED, TFT und Co., aber dies wird bei der Verwendung auf Papier, Zeitung und Kunstkarton nicht benötigt. Für eine besonders leuchtende Optik werden in dem Fall lackierte Papiersorten verwendet. Aufgrund einer kleinen möglichen Farbverschiebung werden

Bilder in der Regel im RGB bearbeitet und erst am Ende in den CMYK-Modus transferiert – best things of both worlds.

Die Formensprache

Und schon geht es an die ersten Probeversuche! Um ein erstes Gefühl für das Programm zu erhaschen, bieten sich die ersten Pinselstriche auf einem neuen, leeren Dokument an. Dazu klicken Sie einfach im Menüpunkt Datei den Reiter ‚Neu‘ an und stellen Ihr Wunschformat ein. Als besonders relevant erweist sich hierbei die Einstellung der Vorder- und Hintergrundfarbe. Das sind die zwei größeren Farbfelder unten in der Werkzeug-Palette. Sie müssten sich unterhalb der Lupe befinden. Beim Anklicken erscheint der Farbauswähler. Hier lassen sich nach verschiedenen Farbsystemen – die Sie bereits von vorherigem Kapitel kennen – exakte Farbwerte eingeben. Oder Sie wählen nach ästhetischem Auge im bunten Farbfeld einfach selbst nach dem Wunschfarbton. Übrigens dienen die Pfeile oberhalb dieser Felder als schnelle Wechselinstanz – dies wird beim Thema Masken noch hilfreich sein.

DIE PINSEL – INDIVIDUELLE FORMEN ZAUBERN

Pinsel verkörpern eine Vielzahl an Malwerkzeugen. Dafür suchen Sie sich das Pinsel-Symbol in der Werkzeugpalette und entscheiden sich für eine Variante. Dabei stehen natürlich komplett unterschiedliche Stile parat. So lassen sich mit tatsächlichen Pinseln erste Linien erschaffen. Hier findet sich aber auch die wunderbare Option der Stilisierung unterschiedlicher Abdrücke. Airbrush oder Spritzer schenken folgend schon abweichende Muster. Das Angebot umfasst aber auch Kreide, Ölfarbe und den Eindruck eines ausgetrockneten Pinsels. Für einige Settings dienen die

Versionen Blätter und Gras als simple Bereicherung auf einem Bild.

Pinselspitzen lassen sich in Härte und Größe individuell einstellen, aber auch in der Deckkraft – vor allem in Bezug auf die Abnahme der Intensität der Farbe in Bezug auf die Zeichenlänge. Ähnlich verhält sich die Eigenschaft Fluss, welche sich bei mehrmaligem Übermalen derselben Fläche im Gegensatz zur Einstellung Deckkraft summiert. Aufgrund unterschiedlicher Projekte, Bildmotive und Farbaufträge gibt es hier keinen standardisierten Tipp. Allerdings haben Sie bereits das Protokollwerkzeug kennengelernt. Gemäß dem Motto „Probieren geht über Studieren" sollten Sie sich langsam an die optimalen Einstellungen zu Ihren Vorstellungen herantasten. Mit der Übung kommt automatisch die Erfahrung.

Diese sogenannten Bildpinsel lassen sich natürlich aus dem Internet von entsprechenden Seiten downloaden. Um effiziente und effektive Symboliken für spätere Projekte zu erhalten, eignen sich Sterne, diverse Blattformen und andere Motive bestens. Und diese lassen sich tatsächlich auch sehr einfach selbst in Photoshop herstellen. Dazu lösen Sie ein Objekt Ihrer Wahl von seinem

Hintergrund – am Anfang eignen sich entweder bereits freigestellte Objekte oder Bilder mit großen, ähnlichen Farbflächen, die einfach auszuwählen sind. Dazu dient das Auswahlwerkzeug in der Werkzeugpalette. Für schwierigere Motive stelle ich Ihnen im folgenden Kapitel einige komplexere Methoden zur Freistellung vor. Haben Sie folglich das Objekt Ihrer Wahl aus seinem Kontext gelöst, erstellen Sie eine neue Ebene und kopieren es da hinein. Nun folgt die Umwandlung in ein Schwarzweißmotiv. Dies kann unter Umständen über eine Entsättigung erfolgen. Im Anschluss daran klicken Sie im Bearbeiten-Menü einfach den Reiter ‚Pinselspitze festlegen' an und geben dem Ergebnis einen aussagekräftigen Namen.

Wie Sie sehen können, lässt sich dieses Bild folglich als Pinsel nutzen. Unter Umständen erzielen Invertierungen vor dem Speichern noch magische Effekte durch das Negativbild der Pinselspitze – dies entscheiden Sie nach persönlichem Gusto. Ein gängiges Beispiel stellen verschiedene Wolkenbilder dar. Aber auch Blumen unterschiedlicher Art lassen sich sehr schön für spätere Rahmengestaltungen oder als Overlay für Montagen verwenden.

DER VERLAUF –
ÜBERGANGSLOSER
EFFEKTVORHANG

Das Verlaufswerkzeug befindet sich im selben Malblock wie der Pinsel und ist an einem quadratischen Symbol mit einem Übergang von Weiß zu Schwarz sehr einfach zu erkennen. Unter Umständen befindet er sich als Backup zum Füllwerkzeug (der leicht gekippte Farbeimer). Um die Werkzeuge zu wechseln, verweilen Sie kurz mit gedrückter linker Maustaste auf dem Eimer und das Untermenü poppt auf. Nun klicken Sie auf das Verlaufssymbol. In den Einstellungen stehen nun verschiedene Arten als Preset zur Verfügung. Dabei liegt die erste Entscheidung in der Wahl des Verlaufs. Es stehen die primär benötigten Optionen linear oder radial als Wahl bereit. Neben diesen lassen sich auch Spiegelverläufe und Negativverläufe umsetzen, die werden eher selten verwendet. Entscheiden Sie sich doch einfach für den linearen (gewöhnlichen) Verlauf.

Als Nächstes steht die Entscheidung bezüglich des Verlaufstyps an. Unter den Vorgaben existieren die Beispiele Vordergrund- zu Hintergrundfarbe – achten Sie dabei auf die richtige Einstellung der entsprechenden Farbfelder – oder, oft genutzt, der Verlaufstyp Vordergrundfarbe zu Transparent. Dieser eignet sich insbesondere für einfache Überblendungen. Aber auch Regenbögen und Metallvariationen wie Chrom oder Kupfer sind hier bereits im Vorfeld gespeichert. Nach diesen letzten Sätzen denken Sie bestimmt über eines nach: Na, klar legen Sie mit Photoshop auch eigene Verlaufskreationen fest. Und dies folgt jetzt!

Anstatt das Verlaufswerkzeug zu nutzen, entscheiden wir uns einmal für eine alternative Variante mit mehr Einflussoptionen. Dazu richtet sich der Blick auf die Ebenen-Palette. In der Mitte der Icons befindet sich ein Kreis, der halb gefüllt scheint. Hier legen Sie die Einstellungsebenen fest – sie werden uns künftig noch öfter begegnen, da sie großes Potenzial offenbaren. Nach einem Klick öffnet sich ein Auswahlmenü mit einigen Optionen. Die Zweite sollte Verlauf sein. Kaum angeklickt, blinkt auch schon das Fenster Verlaufsumsetzung auf. Neben den verschiedenen Verlaufsarten wird hier auch der Winkel des späteren Verlaufs festgelegt, denn nicht alle Farbverläufe sollen sich in horizontaler Parallelität zum Bild erstrecken. Mit dem Skalieren-Feld legen Sie fest, wie knallhart oder „neblig" Ihr späteres Konstrukt ausfällt – probieren Sie es aus, dann wissen Sie, was mit „neblig" gemeint ist.

Und nun zur individuellen Umsetzung nach Ihrem Wunschfarbschema: Ganz oben wird Ihnen eine Auswahl der Verlaufsoptionen angeboten. Nur ein Klick darauf und die bekannte Auswahl bereits gespeicherter Versionen wird Ihnen angezeigt. Es wird Ihnen weiter unten zudem eine Farbstrecke angeboten. Am besten eignet sich die Variante Vordergrund- zu Hintergrundfarbe – denken Sie an die vorhergehende Einstellung in der Werkzeug-Palette. Ganz links und ganz rechts stehen kleine Farbeimerchen und symbolisieren die jeweilige Farbe. In der Mitte befindet sich eine Raute, die den Verlauf mittig ausgewogen hält. Diese können Sie nach eigenen Vorlieben verschieben. Klicken Sie einfach ober- beziehungsweise unterhalb des Farbbalkens, gesellen sich mehr Farbeimer hinzu. Klicken Sie doppelt auf die Farbeimer, öffnet sich der Farbwähler und Sie legen den jeweiligen Farbton fest. Sehen Sie: So einfach ist die Erschaffung eines ganz individuellen Farbverlaufs, den Sie folglich über den Dialog

Speichern für immer in den Vorgaben integrieren können.

Haben Sie übrigens bemerkt, dass die Verlaufsfüllung auf einer neuen Ebene oberhalb des Bildes erschaffen worden ist? Über Einstellungsebenen lassen sich somit non-destruktive Veränderungen anwenden. Jegliche Einstellung lässt sich mühelos im Nachhinein anpassen oder auch löschen – ohne die Originalbilddaten verändert zu haben. Daher gilt der Tipp: Stets über Einstellungsebenen arbeiten!

DAS FORMWERKZEUG – ALLE GRUNDFORMEN IN KÜRZE

Mitunter werden Formen für ein Grundlayout oder viel öfter für einen Rahmen benötigt. Anstatt diesen kompliziert selbst malen zu müssen, bietet Photoshop eine Auswahl an Grundformen an. Übliche Rechtecke und Ovale stehen hier parat. Aber auch Polygone mit verschiedenen Eckpunkten werden hier sehr einfach festgelegt. So ein perfektes Siebeneck benötigt frei Hand doch meist sehr viel mehr Zeit und möglicherweise auch mehrere Versuche. Noch etwas individueller präsentiert sich das Freiform-Werkzeug dieses Menüs – es ist der symbolische Farbklecks. Mit ihm lassen sich eigene Kreationen als Vorab-Form speichern und danach einfach nutzen. So sind Noten, übliche Piktogramme wie Briefumschläge oder eine Schere jederzeit ohne großen Mehraufwand wiederverwendbar. Das stylishe Häkchen, ein Herz oder mögliche Sprechblasen lassen sich ähnlich wie die eigens erstellten Pinselspitzen festlegen. Vor allem Pfeile und Blätterranken sowie Blitze und Sterne überzeugen als Rahmen für Bildmotive oder schnelle Icons sofort.

CLEMENS SCHEEBAUM

Das Freistellen

Mit den Freistellern präsentiert sich Ihnen bereits die erste mitunter größere Herausforderung. Und dennoch kommt nahezu kein Projekt ohne eine entsprechende Objekt- oder Farbauswahl aus. Für diese Anwendungen werden den Nutzern von Photoshop einige – deutlich unterschiedliche – Optionen an die Seite gestellt. Haare, komplexe Objekte oder zum Beispiel der Himmel lassen sich folgend mit ein wenig praktischer Erfahrung doch einfacher als gedacht freistellen. Am Anfang wartet jedoch die Herausforderung: Bei der Lösung der Pixel vom Hintergrund spielt die weiche Kante eine wichtige Rolle und ist bei jedem Auswahlwerkzeug und einer Kopie separat einstellbar. Auch nur eine Kopie kann somit via Menü ‚Auswahl‘ und Reiter ‚Auswahl verändern‘ sowie Option ‚weiche Kante‘ individuell aus ihrer Bildumgebung gelöst werden.

DIE AUSWAHLWERKZEUGE – LEICHTES HERAUSLÖSEN VON BILDELEMENTEN

Fangen wir mit dem universellen Auswahlwerkzeug an. Im obersten Block der Werkzeug-Palette stehen diverse Grundformen bereits als Auswahlformen parat. Diese umfassen rechtwinklige sowie runde Rahmen. Sie sind an der gestrichelten Umrahmung als Icon zu erkennen. Mit einem längeren Verbleiben nach einem Linksklick mit der Maus bieten sich die Alternativen zur Standardwahl Auswahlrechteck an. Dabei erweist sich die ovale Auswahlform als vielseitig. Dies liegt darin begründet, dass sich diese Variante beim gleichzeitigen Drücken der SHIFT-Taste automatisch in einen Kreis verwandelt. Nutzen Sie zudem die Leertaste beim Aufziehen der Auswahl, lässt sich die Form spielend einfach an die gewünschte Position führen – der absolute Auswahlkick ist demzufolge ovale Auswahl + SHIFT + Leertaste und das Zentrum eines idealen Kreises lässt sich vollkommen unkompliziert ansetzen. Wenn die Auswahl getätigt ist, empfiehlt sich die Kopie des Inhalts auf eine neue Ebene. Neue Ebenen werden entweder über das Menü ‚Ebene' erschaffen – hierbei lassen sich gleich direkt sinnvolle Namen zur Orientierung festlegen – oder mittels Drag-and-drop in der Ebenen-Palette auf den Notizblock. Alternativ dazu steht auch eine Kopie nur des Inhalts der Auswahl per Tastenkombination STRG + J zur Verfügung, denn so wird das Original unangetastet bleiben, während gleichzeitig die Freistellung erfolgt. Auch hier stehen feste Vorgaben wie Seitenverhältnis oder direkte Maße optional bereit.

Die zweite Variante erfolgt mittels Lassowerkzeug. Dies befindet sich gleich daneben und wird durch eine Seilschlinge dargestellt. Für das Lasso bedarf es einiger praktischer Erfahrung. Demzufolge nehmen Sie ein Bild mit vielen verschiedenen Objekten und Sie versuchen, diese freizustellen. Wenn es Ihnen am Anfang schwerfällt und/oder das Bild über große Farbton- sowie Helligkeitsunterschiede verfügt, hilft unter Umständen das Magnetische Lasso weiter. Unter persönlicher Einstellung der Kontrastempfindlichkeit setzt das magnetische Lasso folglich beim Überfahren von Konturen und Linien einzelne Auswahlpunkte. Dabei steht eine niedrige Eingabezahl für eine deutlichere Unterscheidung von zwei benachbarten Pixeln. Die Auswahl wird dementsprechend detaillierter, aber auch komplexer. Sollte einmal ein automatisch gesetzter Auswahlpunkt nicht gefallen, wird dieser einfach mittels Delete-Taste entfernt und es kann gezielter vorgegangen werden. Zusätzlich bietet sich für nahezu gerade Auswahlformen das Polygon-Lasso an. Sie legen den Startpunkt fest und führen die Maus in geraden Linien zum nächsten Anker – Anker sind die jeweiligen Auswahlpunkte, welche das Lasso-Werkzeug setzt. Und wieder wird aus einer Auswahl anschließend eine Ebenenkopie erschaffen.

Die dritte Option im Bunde ist der Zauberstab. Der Name beschreibt bereits den einfachen Modus. Nach Auswahl des Werkzeugs sollte als Erstes die Toleranz zum Startwert eingegeben werden. Toleranz wofür? In der Einfachheit dieser Auswahloption liegt nämlich schon die Herausforderung. Der Zauberstab schließt lediglich diese oder gleiche Farbtöne zu einer Auswahl zusammen. Die nun eingestellte Toleranz entscheidet über die mitgenommenen Auswahlpixel. Für flächige Bereiche in einem Bild stellt dies eine simple Möglichkeit zur Freistellung dar. Beispielsweise ergeben Wolken, Kleidung oder der Himmel im Allgemeinen beste Optionen für diesen Auswahltyp. Und sind nicht alle gewünschten Pixel dabei – dann einfach die Toleranz schrittweise erhöhen.

Die Kombination aus verschiedenen Auswahlprozessen wird in Kürze Ihr Freistellverhalten charakterisieren. Stellt der Himmel verschiedene Blautöne, lassen sich beispielsweise die Pixel im helleren Segment am Firmament auswählen. Sollten nicht alle Himmelspixel enthalten sein, lässt sich jedwede Auswahl auch unproblematisch erweitern oder verkleinern. Dafür wird einfach beim Aufziehen einer Auswahlform zur Erweiterung die SHIFT-Taste und zur Verkleinerung die ALT-Taste gleichzeitig gedrückt. Mit dieser Kombi werden nun die ähnlichen Himmelfarbtöne am Horizont ausgewählt und einfach durch eine zusätzliche rechtwinklige Auswahl bis zu den oberen Bildkanten ergänzt – so einfach lässt sich der Himmel auswählen und ab dann auch austauschen. Komplexe Formen sollten beim Freistellen nun kein Problem mehr darstellen.

DER FARBBEREICH – AUSWAHL FIX UND FERTIG

Eine besondere Auswahl von Farbtönen erfolgt über das Menü Auswahl. Hier befindet sich die Farbauswahl, welche angeklickt standardgemäß ein schwarzes Bild liefert. Und haben Sie es bemerkt? Ja, auch hier gibt es einen Toleranzregler für die Ähnlichkeit der freizustellenden Pixel. Mit dem Originalbild im Hintergrund lassen sich dank der Auswahloption ‚Aufgenommene Farben' einzelne Objekte und Farbtöne im Motiv selbst ansteuern. Mit jedem weiteren Klick wird sich das Bild verändern und mehr graue beziehungsweise weiße Bildbereiche freilegen. Diese symbolisieren Ihre Auswahl. Dabei entspräche ein reines Weiß einer kompletten Auswahl des entsprechenden Bereichs. Tatsächlich lässt sich somit aus detailreichen Bildern das optimale Areal ideal freistellen.

Meist wird nach dem Klick auf OK mehr als nur das gewünschte Objekt oder der Bereich ausgewählt sein – dieser aber sehr genau. Den Rest entfernen Sie einfach mit entsprechenden Auswahlwerkzeugen unter dem parallelen Klick der ALT-Taste. Gar nicht so schwer! Und dank des Reiters ‚Auswahl verbessern‘ im Menü ‚Auswahl‘ lässt sich dies auch noch optimieren. Gerade für komplexere Auswahlkriterien wie die komplexe Herausforderung wehender Haare wird das Gold wert sein. Als Hilfe bei der Freistellung dienen ebenso einzelne Zuweisungen zu Farbtönen oder Sättigungsgraden anstatt der aufgenommenen Farben.

DIE KANÄLE – FOTOINTERNE AUSWAHLHELFER

Mitunter erweisen sich Bildmotive aufgrund softer Übergänge und einer großen Detailtiefe mit vielen kleinen Objekten als sehr komplex und herausfordernd. Dann kann das Auswahlwerkzeug oder die Farbbereichsauswahl durchaus zu grob oder umständlich ausfallen. Damit die nächste Auswahl eines solchen Motivs deutlich effektiver und dabei auch effizienter ausfällt, schenken die

Einzelkanäle der Bildmodi ein lohnendes Feature. Klicken Sie dafür auf die Kanäle-Palette. Falls diese noch nicht auf dem Bildschirm ersichtlich ist, finden Sie diese unter dem Menü Fenster. Nach einem Klick darauf sehen Sie stets die einzelnen Teilkanäle sowie den Composite-Kanal. Klicken Sie doch einmal alle separaten Kanäle – beispielsweise R, G und B – durch und betrachten Sie diese Graustufenteilbilder. Sie werden starke Unterschiede sehen. Aber warum erscheinen diese Kanäle in Schwarzweiß?

Dies liegt mit Ihrem Anteil der jeweiligen Farben in jedem Element zusammen. Ein RGB-Bild setzt sich aus allen drei Definitionen der Farbkanäle zusammen. Dabei ergibt sich aus der Mischung aller drei Kanäle und damit auch aller Farbanteile das letztendlich meist bunte Gesamtbild. Objekte mit reinem Weiß enthalten somit sehr viel dieser betreffenden Farbe, schwarze Bereiche eher weniger. Bei der Durchsicht ist sicher aufgefallen, dass viele unterschiedliche Bereiche je nach Kanal verschieden zur Geltung kommen, und genau dies machen Sie sich bei dieser Form der Auswahl zunutze. Wählen Sie einfach den eindeutigsten Kanal für Ihren gewünschten

Auswahlbereich. Setzen Sie die entsprechende Auswahl und gehen Sie zurück auf den Composite-Kanal. Es ist immer der oberste Kanal der Palette – in dem Fall RBG. Erst jetzt sollten Sie die Kopie der Auswahl durchführen.

DER BESCHNEIDUNGSPFAD – GEZIELTE KONTURFÜHRUNG

Die letzte hier vorgestellte Möglichkeit des Freistellens dreht sich um den Beschneidungspfad. Generell offenbart sich mit dem Zeichenstift-Werkzeug – der Zeichenfeder neben dem Text-Werkzeug – eine sehr fokussiert einsetzbare Auswahloption. Natürlich lassen sich gesetzte Ankerpunkte in der Gesamtheit als Pfad auch farblich und stilistisch nutzen, das Augenmerk soll hier aber beim Freistellen liegen. Dank der separat gesetzten Anker lässt sich eine Form sehr individuell herausstellen. Vielleicht bereits aus einem Vektorprogramm wie Illustrator bekannt, lassen sich diese Ankerpunkte ganz einfach per Klick setzen. Diese formen eine Gesamtfigur. Wird bei einem gehaltenen Linksklick der Maus ein Ankerpunkt gesetzt und gleichzeitig die Maus verschoben, entstehen zusätzlich zum eigentlichen Ankerpunkt auch Formgreifer. Verschiebt man diese in eine Richtung, lassen sich saubere Rundungen um geschwungene Objekte herbeizaubern. Zieht man diese Greifer dann noch in die Länge, offenbart sich eine sehr flexible Steuerung hinsichtlich sehr herausfordernder Formensprachen von Bereichen und speziellen Objekten. Nun muss der Pfad nur noch geschlossen werden – einmal um den Bereich herum zum Startpunkt zurück – in der Nähe des Startpunkts verweist ein kleiner Kreis auf eine mögliche automatische Schließung.

In der Ebenen-Palette hat sich automatisch eine neue Formebene gebildet. Ein eingerichteter Pfad lässt sich folglich speichern und für mehrere Projekte nutzen. Dieser bietet sich bei wiederkehrenden Formen durchaus an. Dafür einfach die Pfad-Palette öffnen – ebenfalls im Menü Fenster auswählbar – und mit einem Rechtsklick Entsprechendes auswählen. Eine ganz besondere Option bietet sich folglich für mögliche Publikationen und eine Übergabe an ein Layoutprogramm. Sicherlich ist Ihnen schon einmal unter die Augen gekommen, wie in einer Zeitung ein Objekt oder oft sind es Personen selbst aus einem Rahmen herausragen. Es wirkt dann, als würde das Motiv aus dem Bildrahmen selbst herauswachsen. Dies wirkt erstens dynamisch und zweitens verbindet es die einzelnen Ebenen des Gesamtproduktes Flyer, Magazin oder Ähnliches perfekt. Zusätzlich handelt es sich in diesen Fällen stets um Beschneidungspfade. Und dieser lässt sich aus so einem vorher erzielten Pfad in der Pfad-Palette erschaffen. In den Menüoptionen dieser muss lediglich ausgewählt werden. Je nach Programmversion steht er schon zur Verfügung oder die Pfadebene muss in der Palette erst noch auf den Notizblock zur Erstellung eines Duplikats gezogen werden.

Die Korrekturen

Bilder sind schnell gemacht und noch schneller auf den eigenen Rechner übertragen. Doch erst am Rechner werden manchmal kleine Farbverschiebungen oder ein wenig Unschärfe bemerkt. Die Stimmung im Bild kann aber auch bewusst in eine bestimmte Richtung mit Farbschleier oder regionaler Schärfeungleichheiten gesteuert werden. Für diese einfachen Korrekturen stehen verschiedene Einstellungsebenen zur Verfügung. Und diese stehen in diesem Kapitel vorwiegend im Mittelpunkt. Neben dem Klick auf den halb gefüllten Kreis als Symbol der Ebenen-Palette warten zudem noch die

Klassiker Weich- und Scharfzeichner auf Sie. Generell darf schon einmal darauf hingewiesen werden, dass bei notwendigen Extremverschiebungen ein neues Foto angebracht werde. Das Potenzial der Einstellungsebenen liegt vorwiegend in den scheinbar marginalen Anpassungen zur Steigerung der Bildqualität und nicht zur Erschaffung eines komplett anderen Bildeindrucks.

DIE FARBBALANCE – ERSCHAFFUNG DER RICHTIGEN BILDSTIMMUNG

Es geht gleich knackig los! Ein Bild lebt oft erst von der Klarheit und der richtigen Farbverteilung. Gerade Outdoorbilder inklusive dynamischer Wolken und wedelnder Baumkronen oder verschiedene Lichtquellen an einem Standort verstärken möglicherweise eine nicht optimale Farbverteilung im Motiv. Dafür stehen gleich zwei Optionen zur Korrektur zur Verfügung.

Zum einen handelt es sich um die Einstellungsebene Belichtung. Hierbei werden unter anderem einzelne Belichtungsschritte vergleichbar mit dem Belichtungsregler der Kamera vorgenommen. Bereits simple Verstellungen können die Grundstimmung sowie die satten Farben hervorbringen. Als Ausgleich zur Belichtungsanpassung dienen die Regler Versatz und Gammakorrektur zur Optimierung der Übergänge. Sie verhindern zudem nachträgliche Farbabrisse und die daraus folgenden Artefakte im Bild.

Die Alternative dazu ermöglicht eine noch detaillierte Bearbeitung der Farbverteilung. Dies funktioniert mittels Einstellungsebene Farbbalance. Doch bevor dieses Fenster in der Ebenen-Palette aufgerufen wird, sollte das Motiv genauestens untersucht werden. Dazu steht einerseits die Pipette und andererseits das Info-Feld – zu finden unter dem Menü Fenster – zur Verfügung. Widmen wir uns erst einmal dem Info-Feld. Für aussagekräftige Inhalte zum Bildmotiv müssen erst einmal die Einstellungsoptionen kontrolliert werden. Der Klick auf den kleinen Pfeil beziehungsweise die Drop-down-Liste (je nach Photoshop-Version) fördert einige Wahlmöglichkeiten zutage. Als primäres Farbsystem soll hierbei der aktuelle Bildmodus dienen – RGB ist unbedingt zu empfehlen. Bezüglich der zweiten Farbwertanzeige sollte die Auswahl nun auf Graustufen erfolgen. Nach dem

Drücken des OK-Buttons ändert sich die Darstellung des Info-Feldes von vielleicht CMYK auf K (für Key oder Black, also Graustufen). Dieser Schritt war wichtig, um die drei Stufen der Farbbalance im Bild auch zu finden.

Und schon geht es los mit der richtigen Untersuchung. Dafür benötigen Sie die Aufnahme-Pipette vom unteren Bereich der Werkzeug-Palette. Notfalls bedarf es dafür eines gehaltenen Linksklicks, mit dessen Hilfe die Werkzeugvarianten aufgezeigt werden (notfalls geht aber auch die normale Pipette unter Anwendung der SHIFT-Taste – falls die Umstellungen zu viel sind). Jetzt fahren Sie über das Motiv und sehen in der Info-Palette verschiedene Farbwerte für RGB, Sie wechseln nur so. Mit dem Blick auf die rechte Spalte im Infokasten bemerken Sie sicher die wandelbaren Prozentangaben. Dies scheint doch ideal, um ein sattes Schwarz (100 % K, Tiefe), ein leuchtendes Weiß (0 % K, Lichter) oder einen durchschnittlichen Farbwert (50 % K, Mitteltöne) zu finden. Um sich eine Routine zu entwickeln, empfiehlt sich, stets die gleiche Reihenfolge anzuwenden. Ob dies dunkel-hell-mittel oder hell-mittel-dunkel sein wird, entscheiden Sie allein. Die Suche im Bild nach der dunkelsten, mittleren sowie hellsten Stelle erfolgt nun. Über das Bild ziehend und das Info-Feld im Auge behaltend, wird bei entsprechender Position einfach ein Klick getätigt. Am Ende dieser Bildrecherche sollten sich drei weitere Bildpunkte unter den zwei Bildmodus-Angaben angesammelt haben.

Jetzt wird die Ebenen-Palette Farbbalance geöffnet. Mit einem Blick erkennen Sie die unterschiedlichen Kanäle und weiter unten die drei Rubriken – deshalb haben Sie die drei Vergleichspunkte gesucht. Diese gilt es nun, einzeln auszuwählen und die Referenzpunkte im jeweiligen Pipettenaufnahmepunkt im RGB-Modus aneinander anzupassen. Für den Bereich Tiefen sollte der Fokus auf dem Pipettenpunkt für die dunkelste Stelle liegen. Daher empfiehlt sich die persönliche Routine, damit dieser noch zugeordnet werden kann. Dabei muss der aktuelle Referenzpunkt – im Beispiel von den Tiefen – nicht unbedingt auf null für ein reines Schwarz gebracht werden. Manche Bilder haben einen solch kleinen Farbraum, dass sie sonst „auseinander gerissen" werden würden. Es geht vielmehr um eine Angleichung der drei übereinander angeordneten RGB-Werte – diese sollten möglichst den gleichen oder angrenzende Werte bekommen. Dies wird dann für die Lichter und die Mitteltöne realisiert. Ein Klick auf OK und das Ergebnis steht. Und da Sie auf einer separaten Ebene gearbeitet haben, können Sie eine mögliche Verbesserung gleich beurteilen. Ach – Sie haben jetzt erst bemerkt, dass Einstellungsebenen immer auf einer separaten Ebene eingerichtet werden. Dies ist Ihr Vorteil, Sie haben das Originalbild nicht beschädigt und verändert und Sie können per Klick auf das Augen-Symbol neben der einzelnen Ebene diese ein- beziehungsweise ausschalten – die einfachste Prüfinstanz auf Qualitätsunterschiede.

Sollte das Bild immer noch über einen kleinen Farbschleier verfügen, lassen sich auch einzelne Farbkanäle separat verändern. Dafür bedarf es des Klicks auf die selektive Farbkorrektur unter den Einstellungsebenen. Im Drop-down-Menü lassen sich nun die gewünschten Farbtöne auswählen und entsprechend bearbeiten. Für Farbverschiebungen empfiehlt sich hierbei die Option ‚Relativ‘, um Farbrisse zu vermeiden. Zusätzlich offenbart diese Farbkorrektur ein großes Potenzial, sollen Weiß oder Schwarz nicht gemischt werden. Auch hier wählen Sie mittels Pipette Referenzwerte aus und wählen dabei die Option ‚Absolut' am unteren Rand des Fensters. Vollkommen unkompliziert wird somit unter anderem ein reines Tiefenschwarz erzielt.

DIE TONWERTKORREKTUR – AUSREIZUNG DES GESAMTEN FARBSPEKTRUMS

Verschiedene Bilder wirken durchaus intensiver, wenn der Tonwertumfang explizit gesteuert wird. Daher darf die Tonwertkorrektur stets als Pflichtkontrollpunkt für ein Motiv fungieren. Dafür wird ebenfalls die neue Einstellungsebene aufgerufen. Jetzt zeigt sich Ihnen ein Histogramm, welches die Gesamtverteilung einzelner Tonwerte im Bild präsentiert. Die Anteile von Schwarz und Weiß sowie aller dazwischen liegenden Tonwerte sollte im Idealfall einem gleichmäßigen und runden Hügel mit dem Zenit in der Mitte entsprechen. Die Realität sieht aber doch ein wenig anders aus. Dies hängt nicht unbedingt mit einer schlechten Aufnahme zusammen, sondern mit dem Motiv selbst und möglicherweise der Intention. Beispielsweise müssen Low-Key-Bilder (Nachtaufnahmen oder

Schattenbilder mit sehr großem Anteil dunkler Farbtöne) sowie High-Key-Fotos (schneeweiße Winterlandschaften oder Himmel-Wolken-Bilder mit vielen hellen Farbtönen) zwangsweise der optimalen Kurve widersprechen. Mitunter sind es aber auch nur einfache Verschiebungen, die ein eigentlich wundervolles Motiv ein wenig „auswaschen". Doch dafür gibt es schließlich die Tonwertkorrektur.

Über dem Histogramm befindet sich der ausgewählte Kanal – in der Regel zu Beginn der Composite-Kanal (RGB). Um nicht zu viel zu beeinflussen, wählen Sie jetzt die einzelnen Kanäle. Richtig – Sie werden die Einstellungen auf allen drei separaten Kanalebenen vornehmen. Also widmen Sie sich zuerst dem Rot-Kanal. Ausgewählt sehen Sie folglich die Verteilung der Rottöne im Bild. Bei den Einstellungen geht es nun um die mögliche Ausreizung aller zur Verfügung stehender Farbwerte. Nun richtet sich der Blick nach möglichen Freiräumen am linken und rechten Rand. Es sollte nicht geschehen, dass die Regler unterhalb der Skala links und rechts da außen stehen, wo gar keine Farbwerte angezeigt werden. Sollte dies so sein, wird beispielsweise der Tiefenregler (schwarzer Pfeil) bis zum Beginn der Kurve gezogen. Dies erfolgt auch bei den Lichtern des jeweiligen Kanals mit dem weißen Pfeil. Der mittlere Pfeil dient eher zur Kontrastregulierung und sollte einfach ignoriert werden – dafür gibt es im nächsten Abschnitt hilfreichere Features. In der Folge gilt es, die zwei restlichen Kanäle ebenso zu überprüfen und notfalls einzustellen. Und erst zum Schluss wird diese Prozedur ebenso auf den Gesamt-Kanal RGB angewendet. Sofern Einstellungen notwendig wurden, überprüfen Sie Ihr Motiv: Es wirkt doch schon viel deutlicher, oder?

Für einen späteren Ausdruck empfiehlt sich eine generelle Einschränkung des Tonwertumfangs. Aufgrund verschiedener technischer Umsetzungen von unterschiedlichen Druckertypen können helle Bildbereiche ausbleichen und Struktur verlieren. Dunkle Areale wiederum laufen dann zu oder wirken matschig. Um dies zu verhindern, werden am untersten Balken der Tonwertkorrektur die Regler für Schwarz und Weiß jeweils um fünf Einheiten eingeengt. Dies bedeutet, dass Schwarz einen Wert für 5 zugewiesen bekommt und Weiß einen Tonwert von 250. Im Bild gelten diese Einschränkungen dann als Grenzen und das Produkt erhält ein wenig Spielraum beim Ausdrucken.

DIE HELLIGKEITS-KONTRAST-REGELUNG – ENTSCHEIDUNG FÜR KNACKIGE FOTOS

Der Kontrast wurde bereits oben aufgegriffen und regelt die Bildwirkung hinsichtlich flauer oder knackiger Motive. Dafür steht zum einen die schnelle Variante mittels Einstellungsebene Helligkeit/Kontrast zur Verfügung. Hier werden einfach die Werte verschoben und im Bild – bei angeklicktem Vorschaufeld – direkt kontrolliert. Natürlich sollten auch hier die Regler nicht zu weit auseinander geschoben werden, wenn nicht eine besondere Intention dahintersteckt.

Für eine detailreichere Kontrastregelung dient aber die viel komplexere Gradationskurve. Wählen Sie diese Einstellungsoption aus, baut sich als Erstes eine Grafik auf. Die Grundeinstellung schenkt Ihnen nun den linearen Verlauf der dunklen Töne links unten hin zu den hellen Farbtönen rechts oben im Gesamtbild und ebenfalls in den einzelnen Kanälen. Es ist demzufolge möglich, auch einzelne Farbkanäle mit mehr Kontrast zu bereichern, während andere Tonwerte unberücksichtigt bleiben. Als Erstes ziehen Sie doch einfach die zwei Endpunkte hin und her, um sich mit der Wirkung vertraut zu machen. Sie legen förmlich mit den Reglern fest, wo die dunklen Bereiche im Spektrum beginnen und wo die Hellen enden. Aber nicht nur diese zwei Punkte lassen sich bedienen. Wenn Sie mit der Maus auf die Kontrastlinie klicken, entsteht einfach ein neuer Anfasser und der lässt sich wiederum separat bedienen. So lassen sich spezielle Bereiche ansprechen.

Wenn Sie die Skala betrachten, sehen Sie Viertel und einen Mittelpunkt. Die erste Hälfte der dunklen Farbtöne darf somit als Beispiel gern angepasst werden, während sämtliche Lichter und die richtigen Tiefen unangetastet bewahrt bleiben. Dafür gilt es, nur drei weitere Punkt zu setzen – an den Rändern des Bereiches in der Funktion als Bearbeitungsgrenzen und im Zentrum zur eigentlichen Verschiebung. Sie sehen eine partielle Veränderung im Bild. Generell sollte der Mittelpunkt der Grafik in den meisten Bildmotiven von der Linie berührt werden. Ansonsten bewirkt die

Einstellung anstatt einer realistischen Bildoptimierung eher eine künstliche Bildgestaltung.

Im Allgemeinen hat sich eine S-Kurve als die effektivste Variante der Bildoptimierung hinsichtlich Kontrasts erwiesen. Somit einfach zwei Punkte setzen, einen links und einen rechts vom Mittelpunkt – der übrigens unangetastet bleiben soll, vollkommen richtig. Dann wird der Anfasser Richtung ‚Tiefen‘ auf seiner Parallele zur Skala etwas gen Mittelpunkt geschoben. Für den Anfasser im helleren Segment gilt dies genau andersherum. So entsteht eine leichte S-Kurve. Nach der Bestätigung auf OK werden Sie staunen!

DAS SCHWARZWEIß – STILISTISCHE ELEGANZ ERZEUGEN

Bilder in Graustufen zu entwickeln, verleiht den Motiven oft eine elegante und besonders wirksame Atmosphäre. Vor allem bei einem Fokuspunkt auf minimale Elemente im Bild erweist sich dies oft als große Bereicherung. Aber auch bei einer dominanten Präsenz von Licht- sowie Schattenelementen und einer ausgeprägten Linien beziehungsweise Formsprache wirkt sich dies sehr, sehr positiv aus. Aber anstatt das Bild einfach nur zu entsättigen – was die einfachste Methode wäre – stehen doch zwei Alternativmöglichkeiten parat, welche die Bilddaten schonender umrechnen und damit mehr Details erhalten.

Zum einen wird die Umwandlung in ein Graustufenbild über die Einstellungsebene Schwarzweiß erreicht. Wenn Sie diese Option auswählen, werden Ihnen einige Farbkanäle angezeigt. Und nun können Sie mittels Bedienung der Regler Stück für Stück einzelnen Bereichen mehr Dominanz beziehungsweise eine Hintergrundbedeutung zukommen lassen. Aus einem Bild können somit vollkommen unterschiedliche Graustufenbilder entstehen – ganz nach individuell gewünschten Akzenten. Zudem existieren mit den Vorgaben zusätzliche Standardveränderungen, welche besondere Stimmungen erschaffen. Auch hier gilt es, einfach auszuprobieren und insbesondere das Zusammenspiel der Farbregler zu nutzen. Sie sollten nur beachten, dass der Gesamtfarbauftrag nicht 350 Prozent übersteigt. Dies würde sich bei späteren Ausdrucken mitunter durchaus als ungünstig erweisen – das Bild könnte bei zu viel

Farbauftrag verwischen und daher schwarz zulaufen. Ganz unten besteht zudem die Möglichkeit der Einfärbung ähnlich einem Duplexbild.

Die gerade erwähnten Duplexbilder stellen einen Bildmodus dar, bei dem die Lichter und Tiefen jeweils durch eine Farbkodierung definiert werden. Grauabstufungen werden somit von verschiedenen Farbkanälen bestimmt und ergeben ein sehr softes und ganzheitlich eingefärbtes Motiv als Ergebnis zurück. Da auch Sie gern non-destruktiv arbeiten wollen, stellt die Schwarzweiß-Einstellungsebene eine geniale Option zur Realisierung dieses Vorhabens dar. Mit der Umwandlung des eigentlichen Bildmodus unter dem Menü Bild und der Auswahl Graustufen gesellt sich eine Alternativlösung hinzu. Hierfür sollte aber unbedingt ein Schnappschuss vom Original gemacht werden, da bei dieser Bildauswahl alle Bilddaten unwiederbringlich zu einem Graustufenbild umgerechnet werden und Farbinformationen verloren gehen. Der Schnappschuss ist in der Protokoll-Palette als Kamera-Symbol zu erkennen. Einmal kurz daraus geklickt und die Farbvariante bleibt vorhanden. Anschließend kann das Bild umgerechnet werden, denn erst als Graustufenbild steht die Option Duplex zur Verfügung. Wird nun dieser Bildmodus ausgewählt, erscheint eine Auflistung mit bis zu vier Farben. Dies hängt von der Auswahl der Art ab. Ein- bis vierfarbige Varianten warten nun auf ihre Bearbeitung. Der große Vorteil dieser Duplexgenerierung liegt ganz klar in den dazugehörigen Duplexkurven – sie sind mit den Gradationskurven vergleichbar. Sie sehen bereits nach dem Klick auf eines der Grafikkästchen, dass hier für sehr individuelle Umsetzungen in verschiedenen Bereichen ganz spezielle Eingaben getätigt werden können. Die zusätzliche Einfärbung der Graustufenbilder führt gleich zur nächsten Option.

DAS FÄRBEN – VARIATIONEN EINER FARBWELT

Farben untereinander in der richtigen Balance anzupassen, haben Sie schon etwas weiter oben gelernt. Jetzt sollen Sie auch erfahren, wie Sie ein Bild färben können. Auch dies kann mittels einfacher und detaillierter Variante erfolgen. Hierbei lockt auf die Schnelle die Einstellungsebene Farbton/Sättigung. Die Regler Farbton, Sättigung und

Helligkeit erlauben einzelne Zugriffe auf bestimmte Farbbereiche und ihre Intention. Des Weiteren existiert aber weiter unten noch ein optionales Kästchen Färben. Wenn Sie dies anklicken, legen Sie über das gesamte Bild einen Farbschleier Ihrer Wahl. Bestimmen Sie jetzt die separaten Einstellungen der drei Regler, greifen Sie bereits jetzt schon ein wenig vor – Sie haben die ersten simplen Effekte für Bilder kennengelernt. Auf diese Weise lassen sich Bilderserien für bestimmte Auftritte konform herstellen.

Alternativ dazu kann mitunter auch eine Einstellungsebene Volltonfarbe helfen. Hierbei legen Sie einfach eine gewünschte Farbe fest. Diese wird nun als oberste Ebene über das Motiv gelegt. Aber wo ist das Bild hin? Es liegt darunter. Damit dieser Arbeitsschritt auch sinnvoll erscheint, richtet sich folglich der Blick Richtung Ebenenmodi. Dieses Drop-down-Menü oberhalb der Listung aller Ebenen verspricht einige Methoden, um zwei direkt verbundene Ebenen miteinander zu verrechnen. Nach ganz unterschiedlichen Algorithmen ergeben Multiplizieren und Negativmultiplizieren bei den meisten Bearbeitungen wundervolle Ergebnisse. Mit einem Orangefarbton und dem Modus

Multiplizieren lässt sich beispielsweise ein nostalgisches Bild in Windeseile erschaffen. Wählen Sie hingegen ‚Farbton‘, werden alle Mitteltöne gern außen vor gelassen, während alle intensiv spürbaren Farbtöne mit der auserwählten neuen Volltonfarbe eingefärbt werden. Hier gilt es, tatsächlich verschiedene Bilder mit unterschiedlichen Motiven einfach auszuprobieren – die Erfahrung steigt mit zunehmendem Einsatz.

CLEMENS SCHEEBAUM

Die Montage

Die Arbeit mit Photoshop hat Ihnen bereits einiges an Potenzial offenbart. Aber nicht nur die reine Bildoptimierung ist eine Kernsäule der Arbeit mit PSD-Dateien. Auch die Erschaffung neuer Werke und manch fiktiver Szenerie lässt sich in diesem Bildbearbeitungsprogramm dank Freisteller, Korrekturen und einiger weiterer Features realisieren. Dazu sollen ein paar generelle Arbeitsschritte vorgestellt werden. Mit deren Hilfe und den vorangegangenen Kapiteln lassen sich im letzten Abschnitt die drei ausgewählten Composings bestmöglich umsetzen. Die Komposition aus verschiedenen Bildern zu einem, die Inszenierung von Produkten oder realistische Integrationen beziehungsweise Entfernung von Elementen sind gar nicht so kompliziert umzusetzen, wie Sie denken werden.

DIE MASKEN –
FOKUS AUF DIE BILDESSENZ

Nahezu für jede Montage oder Bildkomposition sind Masken unerlässlich. Sie sind mit einem Vorhang vergleichbar und dienen entweder der Dominanz bestimmter Bereiche im Bild – oder deren Verdeckung. Dafür sollten Sie sich nun noch einmal die Ebenen-Palette anschauen. Da gibt es ein Viereck mit einer runden Aussparung in der Mitte. Das ist das Masken-Symbol. Klicken Sie darauf und hinter der aktiven Ebene erscheint ein weißes Rechteck. Ja – Sie müssen sich immer bewusst sein, auf welcher Ebene Sie gerade arbeiten. Ansonsten kann es passieren, dass falsche Bildteile verändert werden, oder es passiert gar nichts, weil eine Ebene in diesem Bereich gar keine Bildpixel zum Verändern aufweist. Dies kommt vor allem bei Auswahlen oder bereits freigestellten

Objektebenen zum Tragen. Nun weiter mit der Arbeit an der Maske: Dafür gehen Sie sicher, dass Sie nicht auf der Bild-, sondern der Maskenebene arbeiten. Dafür einfach das weiße Rechteck anklicken und der Rahmen springt als Orientierung vom Bild auf die dahinter angeordnete Maske.

Sie haben sicher schon die praktischen Vorzüge des Farbwählers bei der unkomplizierten Suche nach dem gewünschten oder exakt benötigten Farbton ganz unten genossen. Dieser dient in der Standardeinstellung Weiß und Schwarz auch als Maskenmaloption. Dafür steht das große Quadrat wie gewohnt für die Vordergrundfarbe und das kleinere für die Hintergrundfarbe. Wenn Sie folglich beispielsweise den Pinsel als Werkzeug aussuchen und dann mit einer beliebigen Pinselspitze über die Maske fahren, sehen Sie die Färbung der Maske hin zum Schwarzen. Stellen Sie die Farben exakt verkehrt herum ein und malen exakt darüber, verschwindet dieser schwarze Inhalt wieder. Um den lohnenden Effekt daraus zu erkennen, laden Sie am besten zwei Bilder in Photoshop.

Bild 1 fungiert als Hintergrund und soll die Grundlage der Montage werden. In der Folge müssen Sie das zweite Bild erst einmal in das Erste übertragen. Dies geschieht ganz einfach: Ziehen Sie die Hintergrundebene – so wird jedes Bild automatisch geöffnet – auf das Symbol für eine neue Ebene (der umgeknickte Zettel) und schon erhalten Sie ein Duplikat davon. Dieses klicken Sie einfach an und ziehen es dabei vollkommen simpel zu Bild 1 herüber. Bild 2 befindet sich nun als oberste Ebene in Bild 1. Wenn Sie jetzt die Maske erzeugen und darauf malen, wird Ihnen das Prinzip Vorhang klar werden. Genau die Teile im Bereich der schwarzen Färbung lassen die Bildelemente aus der unteren Ebene durch die obere durchscheinen.

Einfache Maskierungen lassen sich per Grundformen anlegen. Aber auch detailreiche Objekte werden beispielsweise per Pfadwerkzeug oder Magnetischem Lasso – beide Werkzeuge haben Sie bereits kennengelernt – nicht allzu problematisch. Es ist durchaus ratsam, erst einmal eine grobe Maske anzulegen. Mit der Wahl einer kleineren Spitze lässt sich diese Auswahl deutlich verfeinern. Und wenn Sie einmal zu viel maskiert haben, drehen Sie das Ganze wieder um – das ist das Schöne am non-destruktiven Arbeiten. Und es geht genauso simpel: Mit dem Doppelpfeil über dem Farbwähler tauschen Sie einfach Vorder- und Hintergrundfarbe miteinander aus. Jetzt wird wieder über die maskierten Stellen gemalt und schon sind sie wieder verdeckt. Bei großflächigen Maskierungen empfehlen sich ebenso Verläufe, wie sie jetzt vorgestellt werden.

DIE ÜBERBLENDUNG – ZUSAMMENFÜHRUNG EINZELNER MOTIVE

So ein Verlauf kann doch sehr dienlich sein, um kontinuierliche und harmonische Überblendungen vorzunehmen. Dafür benötigen Sie Ihr Grundwissen über die Verläufe aus dem Abschnitt Formensprache weiter oben. So stellen Sie Verlaufsumsetzungen nach Ihrem eigenen Wunsch her. Legen Sie nun wieder zwei Bilder als zwei separate Ebenen in einer Bilddatei ab. Geben Sie der oberen Ebene eine Maske hinzu, dann wählen Sie das Verlaufs-Werkzeug aus der Werkzeug-Palette. Woran sollten Sie denken? Richtig – ich hoffe, Sie befinden sich bereits auf der aktiven Maske und nicht mehr im Bild selbst. Wenn nicht, ändern Sie das jetzt. Und dann legen Sie mit der Maus einen

Verlauf auf die Maske der oberen Ebene ab. Damit dies funktioniert, wählen Sie die Verlaufsart Vorder- zu Hintergrundfarbe (es ist die erste Option ganz links). Entweder über das gesamte Bild oder nur in dem kleinen, relevanten Bereich legen Sie ihn nun an. Für eine exakte vertikale oder horizontale Ausrichtung drücken Sie beim Aufziehen des Verlaufs zusätzlich die SHIFT-Taste. Infolgedessen sehen Sie, wie die beiden Bilder ineinander überblendet werden. Jetzt gilt es nur noch, die Feinabstimmungen mit dem Pinsel durchzuführen.

DIE SPIEGELUNG – REFLEKTIERTER REALISMUS

Um manch fiktives Szenario etwas eleganter und weniger losgelöst schwebend zu realisieren, bieten sich Spiegelflächen an. Diese Umsetzung eignet sich insbesondere für die Herstellung von Produktszenen. Artikel vermitteln beispielsweise einen deutlich edleren Eindruck, wenn sie scheinbar auf einem Glastisch liegen oder sich in modernem Ambiente spiegeln.

Für jede realistische Spiegelung eines im Bild befindlichen Objekts benötigen Sie ein Duplikat dieses Motivs. Sollte es sich um ein Format-füllendes Objekt handeln, gilt es, ein wenig Freiraum zu bedenken. Mit der Tastenkombination STRG + T lässt sich das Bild gleich am Anfang der Prozedur entsprechend verkleinern. Dazu werden einfach die Eckanfasser des Transformationsrahmens angeklickt und unter gleichzeitigem Drücken der SHIFT-Taste nach innen gezogen. Die SHIFT-Taste ist in dem Fall sehr wichtig, damit das Bild nicht unproportional verändert wird. Daraufhin lässt sich die Ebene mittels Funktion ‚Vertikal Spiegeln' unter dem Reiter Transformieren im Menü Bearbeiten in die richtige Position bringen.

Als Nächstes vertauschen Sie die beiden Ebenen in der Reihenfolge, sodass die Variante verkehrt herum unter der Originalposition liegt. Anschließend wird die künftige Spiegelung so weit nach unten geschoben, bis beide stimmig aneinandergrenzen. Und schon wieder wird der Verlauf ein treuer Freund sein, denn jetzt darf er bei der unteren Ebene in einer Maske zum Einsatz kommen, und zwar dieses Mal im Modus ‚Vordergrundfarbe' zu ‚Transparent', die zweite Option in den Verlaufseigenschaften. Natürlich wird die Maske ausgewählt und von unten nach oben aufgezogen, dann präsentiert sich die Spiegelung vom Originalbild entfernend transparenter und klingt aus. Das ist doch eine großartige Produktdarstellung.

Alternativ kann eine Spiegelung aber auch in einen trüben See eingepflegt werden. Am besten wäre eine partielle Partie des Ufers auf der sichtbaren Uferseite im Motiv. Es bleibt dieselbe Prozedur wie gerade eben, auch der Verlauf wird integriert, jedoch müssen zusätzliche Maskierungen rund um die Uferbegrenzung erfolgen, damit sich wirklich alles nur im Wasser spiegelt. So lässt sich diese Methode auch für verschiedene Fenster und reflektierende Flächen anwenden. Bei kleineren Fenstern wird einfach der Verlauf weggelassen. Das wäre unrealistisch auf so minimale Distanz – es sei denn, es herrscht Nebel! Hierbei lässt sich die Transparenz einfach mittels Deckkraft der Spiegelebene steuern, es darf schließlich je nach Oberfläche und Material nicht zu stark ausfallen. Und noch eine wunderbare Spiegelung lockt – dieses Mal handelt es sich um eine Blindspiegelung. Man sieht die Bilder immer wieder im Internet und auf Werbeflyern: Die Ski-, Motorrad- oder Sonnenbrille offenbart einem einen wundervollen farblichen Himmel oder eine bezaubernde Kulisse. Mit diesem Trick wird das nun von Ihnen sehr unproblematisch realisiert.

DIE PERSPEKTIVE – DIE SICHTWEISE PASSEND ÄNDERN

Wenn Objekte zu einem Bild integriert werden, müssen alle Bestandteile in Größe und Verhältnis und dem Blickwinkel aufeinander abgestimmt und zueinander passend konzeptioniert sein. Neben der gerade erwähnten Option des Transformierens wird beispielsweise auf die Größe allein Rücksicht genommen. Doch auch der Blickwinkel entscheidet über eine gelungene Bildkomposition. Und dafür stehen Ihnen unter dem Reiter Transformieren im Menü Bearbeiten ebenso die Optionen ‚Verzerren‘ und ‚Neigen‘ zur Verfügung.

Deutlich interessanter wird es zudem bei der Anpassung an die allgemeine Perspektive. Beispielsweise werden in Richtung des Fluchtpunkts im Motiv die Höhen von Objekten kleiner und die

Längen schräger. Dafür lässt sich die Option ‚Perspektivisch' nutzen. Sofern Sie nicht über eine sehr alte Version von Photoshop verfügen, steht Ihnen sogar ein Gitternetz zur Verfügung. Mit dessen Hilfe lassen sich Linien aus dem Bild aufgreifen und an der gewünschten Position als Vorlage für die perspektivische Verzerrung des zusätzlich integrierten Bildelements anwenden. Häuserfluchten, Straßen oder Fluchtlinien aus extrem niedriger beziehungsweise hoher Perspektive führen dann zu einer sehr realistischen Umsetzung.

Und noch ein Feature bietet dieser Menüpunkt unter Transformieren: das Verkrümmen-Werkzeug. Auch hier wird bei dessen Auswahl ein Rahmen aus standardisiert neun Feldern auf die aktuelle Ebene aufgezogen. Schauen Sie als Erstes unter den verschiedenen Arten der Verkrümmung nach: Können Sie bereits erahnen, worum es sich hier handelt? Natürlich – es geht um die Anpassung von Bildteilen an bestimmte Untergründe und Formen. So bläht das Verkrümmen-Werkzeug beispielsweise Text auf, verbiegt ihn oder lässt ihn im Wirbel fließen. Tatsächlich handelt es sich hierbei um die effektivste Form der Integration von Text oder bildlichen Aufdrucken auf unterschiedlichen und meist nicht ebenen Untergründen oder gar anderen Objekten. So können T-Shirts, Flaggen und auch Stempel auf verbeulten Kartons authentischer erschaffen werden.

DER SCHATTEN – HARMONISCHE INTEGRATION IM ENSEMBLE

Wenn ein neues Objekt in ein realistisches Bild integriert werden soll, hängt es für gewöhnlich nicht in der Luft. Zudem herrscht in jeder Aufnahme irgendein Lichtfall, der selten für gar keine Schattierung sorgen würde. Aus diesem Grund sollte bei jeder Montage auch auf die Schattengestaltung geachtet werden. Zum einen bietet die Ebenen-Palette unter dem Icon fx (das zwischen Kette und Maske) einen speziellen Ebenenstil: den Schlagschatten. Dieser lässt sich zur optimalen Einbindung in das Gesamtmotiv und den bereits bestehenden Schattenfall vielseitig anpassen. Zum einen wählen Sie im angezeigten Kreis die Richtung aus, aus der das Licht auf das Objekt treffen soll. Gleich daneben steht sogar die Option einer möglichen Höhe in Bezug auf den Sonnenstand zur Verfügung. Abstand, Überfüllung und Größe regeln weitere Parameter hin zum realistischen Schatten. Der Block ‚Qualität' kann beim Schatten gern außen vor gelassen werden – ausprobieren können Sie diese Vorgaben allemal. Deutlich wichtiger sind weiter oben die Auswahloptionen Verrechnungsmodus und Deckkraft. Aber erst, nachdem der eigentliche Schattenentwurf existiert, lohnt es sich, hiermit zu verfeinern. Die Modi sind die Gleichen wie in der Ebenen-Palette.

Als zweite Lösung für einen Schatten bietet sich zudem die Eigenkreation an. Hiermit lassen sich auch komplexe Formen einfach nachzeichnen und als Schatten darstellen. Im einfachsten Fall kopieren Sie das freigestellte Objekt (genau: einfach auf das Symbol mit der abgeknickten Ecke ziehen) und wählen diese Ebene aus. Füllen Sie dann die ganze Fläche mit schwarzer Farbe. Dies geschieht am einfachsten über das Füllwerkzeug. Es befindet sich im Wechsel mit dem Verlaufswerkzeug in der Werkzeug-Palette. Ein gehaltener Linksklick mit der Maus und es kann ausgewählt werden. Spätestens jetzt sollten Sie diese dunkle Ebene unter die Originalebene schieben. Wenn Sie anschließend das Verschieben-Werkzeug ganz oben in der Werkzeug-Palette auswählen und mit der Tastatur die Pfeil-nach-unten-Taste drücken, kommt es nach einigen Schritten zum Vorschein. Jetzt muss es sicherlich noch etwas seitlich verschoben werden, da auch das Original irgendeinem Lichtstand ausgesetzt ist.

Als Nächstes wird es einfach weichgezeichnet. Einer der wenigen richtigen Vorgabenfilter im Menü ist der Gaußsche Weichzeichner. Er lässt den Schatten ein wenig verschwimmen, die Deckkraft der Schattenebene regelt die diffuse Streuung noch ein wenig besser. Wenn Sie es wünschen, können Sie den unsichtbaren Schatten leicht ausblenden. Dazu wählen Sie die Originalebene aus und klicken unter Halten der STRG-Taste auf das Ebenenbild in der Ebenen-Palette. Jetzt erscheint ein Auswahlrahmen. Es gilt, darauf zu achten, dass Weiß als Vordergrundfarbe und Schwarz als Hintergrundfarbe ausgewählt sind. Der muss nur invertiert werden – dies geschieht mittels Tastenkombination STRG + SHIFT + I. Sie sehen, alles andere ist im Vergleich zu vorher ausgewählt. Und nun setzen Sie einfach auf der

Schattenebene eine Maske mit dieser invertierten Auswahl. Die Schattenebene ist folglich ausgespart.

DIE EFFEKTE – VERSTÄRKUNG DER BILDWIRKUNG

Effekte gestalten ein Bildmotiv besonders eindrucksvoll und erzeugen Staunen. Aber dabei möchte ich gar nicht zu sehr auf mögliche Filtereffekte aus Photoshop oder Eigenkreationen wie Chrom oder gebürstetes Metall eingehen. Dies gäbe so viel Stoff für ein zweites Buch und richtet sich immerhin auch schon an erfahrene Photoshopper. Für den Einstieg soll aber der Blick auf die kleinen Details aus den Ebenenstilen – aus denen auch der Schlagschatten stammt – erfolgen. Ein grundlegender Effekt lässt sich bereits bei den Fülloptionen erzielen. Klicken Sie das fx-Symbol an, steht diese Option ganz oben. Und hier werden Ihnen im unteren Bereich zwei Balken präsentiert, die Ihnen bei der Freistellung und Überblendung von Ebenen helfen könnten. So lassen sich helle oder dunkle Bereiche eines Bildes ausblenden –

dies funktioniert im unteren Balken auch für zwei übereinander liegende Ebenen. Wer die Pfeile verschiebt, erhält eine harte Ausblendung. Unter Zuhilfenahme der ALT-Taste lassen sich diese Elemente aber teilen. Es entstehen sehr viel weichere Ausblendungen. Dies kann unter anderem den Prozess des Freistellens von Haaren deutlich vereinfachen.

Aber es gibt noch weitere pragmatische Optionen unter den fx-Stilen. Beispielsweise überzeugt der Schein bei zahlreichen Projekten. Er stehen Ihnen sogar in zwei Varianten zur Verfügung. In beiden Fällen wird die Außenkante mit einer selbst gewählten Farbe und den gewünschten Einstellungen zu Größe und Überfüllen sowie einer Kontur ausgestattet. Die Wahl liegt jetzt bei Ihnen, ob sich bei Ihrem Projekt eher ein Schein nach außen oder innen lohnt. Generell wirkt ein Schein nach außen als harmonische Integration in ein Gesamtbild, jedoch muss dafür auch eine Logik für solch eine Chroma existieren. Freigestellte Objekte an sich profitieren in der Regel eher von einem Schein nach innen, der viel deutlicher bei der Datenübergabe kodiert wird.

Des Weiteren fasziniert ebenso der Stil ‚Abgeflachte Kante' und ‚Relief'. Viele selbst gezeichnete Objekte erhalten dadurch eine Plastizität, welche deutlich realer anmutet. Die Vielzahl an verschiedenen Reliefs bis hin zur hart gemeißelten Prägung schenkt nunmehr ein vielseitiges Potenzial bei der Umsetzung. Ähnlich wie beim Schatten werden Richtung und Höhe frei eingegeben und tragen zum Hauptcharakter der Kantenbildung bei. Doch das ist noch nicht genug: Die geeignete Kontur erschafft erst das wirklich authentische Verhalten. Und da werden Sie bemerken, dass Sie mittels eigener Gradationskurve nicht unbedingt eine der Vorgaben nutzen müssen. Natürlich offenbaren auch hier Verrechnungsmodi und Deckkraft eine auf das Motiv abgestimmte Umsetzung.

Zur Erschaffung manch speziellen Eindrucks werden Ihnen sicher auch Farb-, Verlaufs- oder Musterüberlagerung dienlich sein. Neben individuellen Farbverläufen und der persönlichen Auswahl der bevorzugten Farbe stellen Muster eine hilfreiche Form der Individualisierung beziehungsweise einer typischen Charakterisierung dar. Diese lassen sich simpel selbst festlegen.

Dafür bedarf es freigestellter Einzelobjekte, die im Menü ‚Bearbeiten' als Muster deklariert werden, oder Sie erschaffen sich beispielsweise eigene kunstvolle Beispiele. Exemplarisch eignen sich hierfür bestimmte Texturen besonders gut. Aber auch aus einzelnen Ranken ergeben sich wirkungsvolle Muster. Es gilt hierbei nur, zu beachten, dass die Grunddatei hierfür einerseits quadratisch ist, andererseits müssen die jeweiligen Seiten der Quadrate auch ohne Verschiebungen und Fehlstellen nahtlos aneinandergefügt werden können. Dies lässt sich bei der Herstellung prüfen, indem Sie Kopien neben- sowie übereinander anordnen und das Resultat betrachten, dann eliminieren Sie alle Duplikate und speichern die eine Kachel als Muster ab.

DER BUTTON –
SIMPLE ERSTE EIGENKREATION

Einen Button für das Internet zu entwerfen, ist tatsächlich ganz einfach. Zum einen bedarf es nur einer geeigneten Grundform. Diese wird in der Regel ein Kreis, Oval oder ein Rechteck sein. Demzufolge zeichnen Sie eine Form Ihrer Wahl und füllen Sie gleich mit der auserkorenen Farbe. Exemplarisch wähle ich den Kreis. Zur optischen Unterscheidung erschaffen Sie auf einer neuen Ebene (STRG + N) eine nur minimal kleinere Kreisauswahl und füllen diese mit Schwarz, Weiß oder einem anderen relativ neutralen Farbton. Damit die Auswahl zentriert und gleichzeitig proportional minimiert wird, verlangt es beim Aufziehen der Auswahl zusätzlich die Tastenkombination STRG + Leertaste. Diese Prozedur erfolgt noch einmal und schon erhalten wir eine vielschichtige Erstversion eines Buttons.

Nun kommt die Stunde des Ebenenstils ‚Abgeflachte Kante' und ‚Relief'. Es wird ein wenig dreidimensionaler. On top lässt sich nun noch ein Verlauf von beispielsweise links oben nach rechts unten einfügen. Alternativ lockt auch eine Umsetzung mittels Weißfläche. Auf wiederum einer neuen Ebene wird entlang der obersten Form eine Fläche – gefüllt mit weißer Farbe – aufgebracht. Und diese erhält per Maske einen Verlauf von weiß zu transparent. Dieser wird ergänzend in seiner Deckkraft deutlich zurückgezogen. Bei komplizierten Formen lässt sich diese weiße Fläche auch per Pinsel oder Pfad realisieren. Auch darauf würde dann die Verlaufsmaske angewendet werden. Und schon ist der einfachste Button fertig.

Die größte Farbfläche im Inneren des Buttons darf natürlich noch etwas spezialisiert werden. Wie wäre es mit einem thematischen Bezug zur späteren Funktion des Buttons? Die gewohnten Symboliken für ein Haus für Home, einen Brief für Post oder ein @ für E-Mail sind leicht nachgezeichnet. Das Schöne an Icons ohne viele Details ist die flächige Darstellung. Und wozu eignet sich diese wiederum? Okay, das war einfach – für einen Ebenenstil ‚Abgeflachte Kante‘ und ‚Relief‘. Dieses Mal versuchen Sie doch aber, kein Relief hinzubekommen, sondern eine Prägung. Folglich würde es wirken, als ob eine Vertiefung im Button enthalten ist – in Form dieses Icons. Unterstützt kann dies gern noch durch einen Schein nach innen in entsprechend grauem Farbton werden.

DIE ENTFERNUNG – ALLES STÖRENDE KANN WEG

Mitunter müssen störende Elemente aus einem Bild entfernt werden. Am besten funktioniert dies mit dem Stempel-Werkzeug aus der Werkzeug-

Palette. Um ein richtig gutes Endergebnis zu erhalten, sollte das Motiv analysiert werden, denn wo etwas entfernt wird, ist bald nichts mehr. Aber irgendetwas sollte in Anlehnung an eine stimmige Überlagerung aufgenommen und dahin kopiert werden. Stromleitungen im Himmelsabbild oder die Laterne an der Hecke sind wirklich störend. Mit dem Stempel-Werkzeug lassen sich Pixel aus dem Bild aufnehmen – dies geschieht mit einem Klick und dem gleichzeitigen Drücken der ALT-Taste an der dafür ausgesuchten Bildstelle.

Genau dieser Punkt gilt dann als Quelle. Beim Klicken auf die störende Bildstelle wird diese mittels aufgenommenen Pixeln überdeckt. Dabei sollten Sie sich im Hinterkopf behalten, dass dieser Punkt vom Stempel relativ aufgenommen wird. Wandert die Maus von der ersten Überlagerungsstelle weiter entlang des störenden Objekts, wird auch die Bezugsquelle relativ zur vormals ausgesuchten Ersatzposition verändert. Das kann bei Unachtsamkeit schnell zu mehreren neuen Ungereimtheiten im Bild führen. Daher gilt es, immer einmal wieder die Quellposition zu erneuern.

Es gilt hierbei, auch auf Farbbesonderheiten zu achten. Reine Farbflächen funktionieren natürlich besonders gut, aber Strukturen ergeben woanders aufgestempelt manchmal einfach keinen Sinn. Daher dienen Holz inklusive Maserung und ein Wolkenhimmel nur sehr bedingt als Bezugsquelle. Auch die Äste eines Gebüschs sollten bedacht als Kopiequelle ausgewählt werden. Am besten setzt man mit einer möglichst großen Stempelgröße an, da viele kleine Stempelungen oft zu Artefakten führen.

Auch das Ziehen mit der Maus im Stempelmodus entlang einer Stromleitung empfiehlt sich nicht, da hierbei ein großes Risiko auf Farbbänder entsteht. Auch einfache Umsetzungen sollten somit wirklich gestempelt und nicht gezogen werden. Zusätzlich ergibt sich bei Herausforderungen im Himmel beispielsweise das Problem, dass verschiedene Himmelsbereiche ein ganz anderes Blau enthalten. Dies fällt sofort auf, wenn Sie die falsche Bezugsquelle wählen. In diesen Fällen von Mischfarben sollte die Quelle nie weit weg von der zu reparierenden Stelle sein.

Herstellung und Verlag:

BoD – Books on Demand, Norderstedt

ISBN: 9783756837489

© Clemens Scheebaum 2022

1. Auflage

Kontakt: Psiana eCom UG/ Berumer Str. 44/ 26844 Jemgum

Covergestaltung: Fenna Larsson

Coverfoto: depositphotos.com